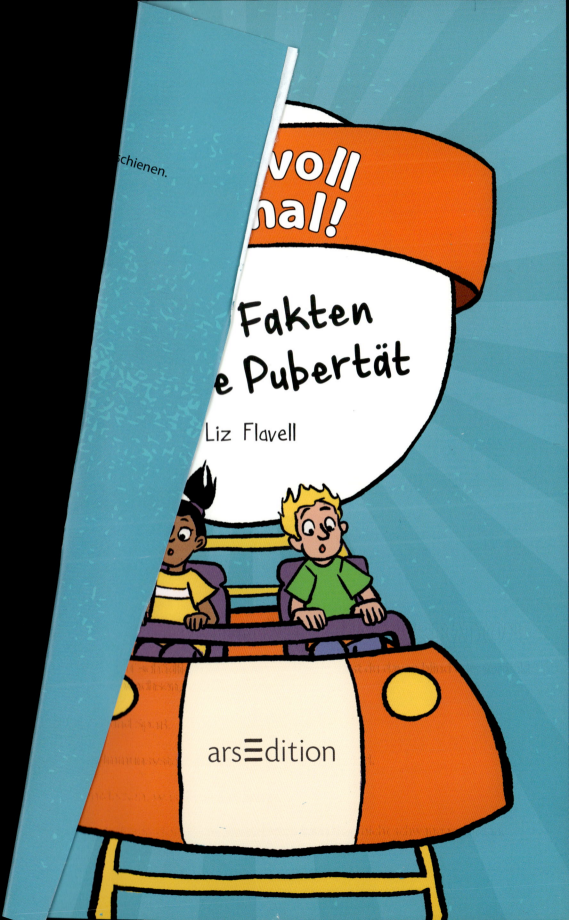

Die Daten und Fakten in diesem Buch entsprechen
dem Stand bei Redaktionsschluss im Juli 2020.

INHALT

Peinlich, peinlicher, Pubertät!..4

Was ist Pubertät?..6

Countdown zur Pubertät..8

Ladies first..10

Alle Größen und Formen..12

Alles über Brüste..14

Hilfe, ich brauche einen BH!...16

Reden wir über Haare...17

Einmal im Monat...18

Und jetzt die Jungs!...20

Pinkeln und anderes...22

Wachstumsschub und Bartflaum..24

Feuchte Träume...26

Die miefigen Jahre...28

Pickel und Co. 30

Wer bin ich?..32

Hetero, homo oder bi?..34

Der erste Kuss..36

Masturbation..38

Reden wir über Sex..40

Ein Kind wird gezeugt...42

20 Überlebenstipps für die Pubertät...44

Glossar...46

Interessante Bücher und hilfreiche Webseiten 47

Register 48

In diesem Buch werden die folgenden Begriffe benutzt, um zwischen männlichem und weiblichem Geschlecht zu unterscheiden. Damit ist das biologische Geschlecht gemeint, das sich auf die Geschlechtsorgane bezieht. Das soziale Geschlecht (die Geschlechtsidentität) wird dagegen als Gender bezeichnet.

FRAU (MÄDCHEN)

ein Mensch, der (normalerweise) mit einer Vagina und Eierstöcken geboren wird und Eizellen produziert

MANN (JUNGE)

jemand, der (normalerweise) mit einem Penis und Hoden geboren wird und Sperma produziert

Zum Thema Gender siehe Seite 32–33.

PEINLICH, PEINLICHER, PUBERTÄT!

80 PEINLICHE MOMENTE PRO TAG!

In der Pubertät ist dauernd irgendwas peinlich. Dein Körper verändert sich auf verwirrende Weise, die Leute kommentieren dein Aussehen oder fragen unangenehme Dinge. Peinliche Momente, die mit der Pubertät zu tun haben, können bis zu 80-mal am Tag vorkommen. Bleib cool, du wirst damit fertig!

DIE MIESESTEN FEINDE

Peinlichkeit und Schamgefühl sind in der Pubertät deine miesesten Feinde. Dabei gibt es **keinen Grund**, sich zu schämen! Denn schließlich muss jeder irgendwann da durch.

In diesem Buch erfährst du etwas über deinen Körper und deine Gefühle während der Pubertät. Und das ist ziemlich spannend! Jeder Körper ist faszinierend und das Erwachsen-werden ist ein großes Abenteuer. Auf der ganzen Welt machen Millionen junger Leute gerade jetzt dasselbe durch. Pubertät ist also nichts zum Fürchten.

WIE WÜRDEST DU REAGIEREN?

Stell dir vor, du bist mit ein paar Freunden zusammen. Darunter ist auch jemand, den du sehr gern magst. Plötzlich fragt dich eine Freundin: »Hast du eigentlich schon mal rumgeknutscht?« Was machst du?

1. Du verdrückst dich schnell, damit keiner sieht, wie du rot wirst.

2. Du reißt einen dämlichen Witz.

3. Du fängst an, schief und schlecht zu rappen.

4. Du überhörst die Frage und wechselst schnell das Thema.

5. Du stopfst dir dieses Buch in die Jacke und guckst heimlich nach, ob etwas Nützliches drinsteht.

6. Du lächelst und sagst: »Geht dich gar nichts an!«

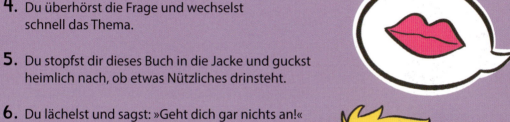

Falls du Nummer 5 oder 6 angekreuzt hast, super. Wenn nicht, keine Sorge – Hilfe naht!

WAS IST PUBERTÄT?

Okay, worum geht es bei dem ganzen Theater? Einfach aus-
gedrückt: In der Pubertät wird der Körper eines Kindes zu
dem eines Erwachsenen. Wenn du das irgendwie unheimlich findest,
denk daran, dass es ein langsamer Prozess ist. Meistens geht
es mit **8–15 Jahren** los, aber es dauert mehrere Jahre, bis die
ganze Geschichte abgeschlossen ist. Am Ende wirst du in der
Regel einen Körper haben, der bereit zum Kinderkriegen bezie-
hungsweise Kinderzeugen ist – falls du das willst.

AUS DER NÄHE BETRACHTET

In der Pubertät macht dein Körper verschiedene Veränderungen durch. Oft beginnt es
mit Haaren im Gesicht (bei Jungen, manchmal auch bei Mädchen), unter den Armen
und »da unten«! Bei Jungen wächst allmählich der Penis, bei Mädchen entwickeln sich
Brüste. Die meisten bekommen heftige Stimmungsschwankungen. Schließlich passiert
innen und außen so viel, da ist es klar, dass man sich manchmal überfordert fühlt.
All das ist Teil der Reise durch die Pubertät.

Periode   Hodensack   Brustwarzen

Penis   Schamlippen   Vagina   Ejakulation (Samenerguss)

Eizellen   **Diese Wörter gehören zum Erwachsenwerden
dazu. Du solltest dich an sie gewöhnen.**   Eierstöcke

Klitoris   Sperma   Orgasmus

Sex   Brüste   Vorhaut

Hoden   Schamhaare   Brust

Vulva   Hormone

BEEINDRUCKENDE ZAHLEN

Ohne den Menstruationszyklus und die Geschlechtszellen können keine Babys entstehen. Die männlichen Geschlechtszellen heißen Spermien, die weiblichen Eizellen.

Mädchen werden mit ungefähr **2 MILLIONEN EIZELLEN** geboren.

In einer Ejakulation (Samenerguss) sind etwa **50 BIS 500 MILLIONEN SPERMIEN** enthalten.

Ein Mann produziert in seinem Leben **CA. 525 MILLIARDEN SPERMIEN.**

Ein **MENSTRUATIONSZYKLUS** dauert **IN DER REGEL 21–35 TAGE.**

Eizellen sind die **GRÖSSTEN ZELLEN** im menschlichen Körper.

KRASSE FAKTEN AUS DER NATUR

Wenn du glaubst, dein Körper sei komisch und peinlich, dann lies dir erst mal diese Zahlen und Fakten aus dem Tierreich durch!

- Blauwale haben die größten Penisse – bis zu **3 Meter lang**!
- Die Zwerg-Spitzmausbeutelratte aus Südamerika hat mehr Zitzen als jedes andere Tier, nämlich bis zu **27**.
- Napoleon-Lippfische **ändern ihr Geschlecht**: Viele Weibchen werden im Laufe ihres Lebens zu Männchen.
- Die längste Tragzeit haben Indische Elefanten mit **22 Monaten**.

COUNTDOWN ZUR PUBERTÄT

5-4-3-2-1 ... ABFLUG!

Während der Startphase der Pubertät wird dein Körper von Hormonen überschwemmt, die erstaunliche Veränderungen auslösen. Das soll so sein – dein Körper ist auf die Hormone vorbereitet. Aber was machen sie genau?

VIELE MÄCHTIGE HORMONE

Hormone sind Botenstoffe, die von Drüsen im Körper produziert werden. **Eine ganze Reihe verschiedener Hormone** beeinflussen deinen Körper, ganz besonders während der Pubertät. Jedes Hormon hat einen anderen Job.

Drei Hormone geben den Startschuss für die Pubertät. Aber keine Panik, es gibt keinen großen Knall, der dich über Nacht in die Pubertät katapultiert. Die Hormone gelangen allmählich ins Blut und fangen an zu wirken. Wenn die Pubertät fortschreitet, arbeiten sie **Tag und Nacht**. Die großen Veränderungen beginnen.

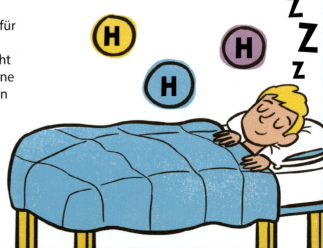

WAS MACHEN DIE PUBERTÄTS-HORMONE?

Sie wirken auf die Hoden oder Eierstöcke ein und bringen sie in Schwung. Dies löst die Produktion von zwei weiteren Hormonen aus – **Testosteron** und **Östrogen** –, und zwar bei Jungen und Mädchen. Jungen produzieren normalerweise mehr Testosteron und Mädchen mehr Östrogen. Viele Veränderungen in der Pubertät gehen von diesen beiden Hormonen aus.

WANN PASSIERT DAS?

Natürlich wollen alle genau wissen, wann sie in die Pubertät kommen, aber so exakt lässt sich das nicht vorhersagen. Alles **zwischen 8 und 17 Jahren** ist normal. Mach dir keine Gedanken – es geht los, wenn dein Körper so weit ist.

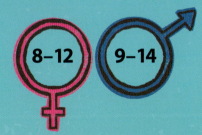

WIE LANGE DAUERT ES?

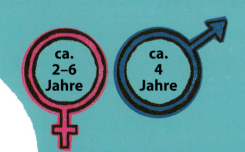

Die Pubertät dauert **ein paar Jahre**. Du hast genug Zeit, dich an all die Veränderungen zu gewöhnen.

LADIES FIRST

WAS PASSIERT WANN?

Mädchen kommen meistens früher in die Pubertät als Jungen. Wenn die Hormone anfangen zu arbeiten, geht es los. Die Reihenfolge ist dabei nicht immer gleich — keine Sorge, das ist total normal. Vielleicht bemerkst du zuerst Haare, die nicht auf dem Kopf wachsen, oder deine Brüste entwickeln sich. Und das ist nur das, was nach außen sichtbar ist. Auch im Inneren des Körpers ist einiges los.

DAS ABC DER VERÄNDERUNGEN

A. DAS KANN MAN SEHEN

1. Wachstumsschübe

2. Die Brüste entwickeln sich.

3. Achselhaare wachsen.

4. Schamhaare wachsen.

5. Die Hüften werden breiter.

6. An den Beinen wachsen mehr Haare.

7. Füße und Hände werden größer.

8. Die Haut wird fettiger, Pickel und Akne können auftreten.

IM INNEREN DES KÖRPERS

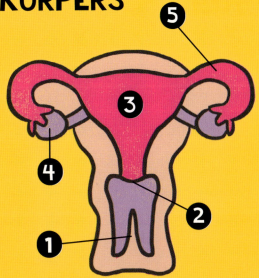

Im weiblichen Körper befindet sich ein System von Organen, die zusammen die weiblichen Geschlechtsorgane bilden. Dieses Fortpflanzungssystem sorgt dafür, dass Babys entstehen können. Geschlechtliche Fortpflanzung bedeutet, dass eine männliche Geschlechtszelle (Spermium) und eine weibliche Geschlechtszelle (Eizelle) im Inneren des weiblichen Körpers verschmelzen, damit neues Leben entstehen kann. Während der Pubertät wachsen auch diese Organe mit, aber das spürst du nicht.

1. **Vagina** (Scheide): Diese Röhre verbindet die inneren Geschlechtsorgane mit den äußeren.

2. **Muttermund**: der Eingang zur Gebärmutter

3. **Gebärmutter** (Uterus): Hier wächst in der Schwangerschaft das Baby (der Fötus oder Embryo) heran.

4. **Eierstöcke**: Hier »lagern« unbefruchtete Eizellen.

5. **Eileiter**: Die Eizelle wandert vom Eierstock durch den Eileiter zur Gebärmutter.

DIE FORTPFLANZUNGS-ORGANE – EIN PAAR FAKTEN

- Die Gebärmutter ist ungefähr **7–9 cm lang** und etwa **5 cm breit**.

- Die Eierstöcke haben etwa **3–5 cm Durchmesser**.

- Die Vagina ist eine dehnbare Röhre, die zwischen **8 und 12 cm** messen kann.

IN DEINEM KOPF

Manche Veränderungen kannst du nicht sehen, aber fühlen. In der Pubertät achtest du meist genauer auf deinen Körper als vorher. Körperliche und hormonelle Veränderungen können sich auf deine Gefühle auswirken.

ALLE GRÖSSEN UND FORMEN

Die weiblichen Geschlechtsorgane, ob innen oder außen, sind schon echt erstaunlich. Ob du von Vulva, Muschi oder Mumu sprichst — das Ding ist nicht bloß zum Pinkeln da! Der Aufbau und die Funktion der einzelnen Teile sind ziemlich spannend.

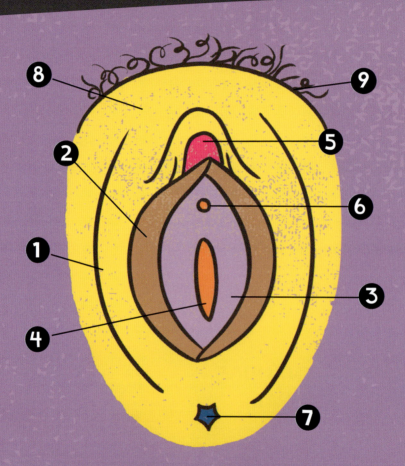

STICHWORTE ZUR VULVA

Das, was von außen sichtbar ist, sind die äußeren Geschlechtsorgane (auch Vulva genannt). Sie sind der Eingang zu dem System, in dem Babys entstehen können. Die Genitalien können verschiedene Formen haben und sehen bei jeder Frau und jedem Mädchen anders aus. Keine braucht sich für ihre zu schämen.

DOPPELT GUT

Die Klitoris enthält ungefähr **7000 bis 8000 Nervenenden**. Das sind doppelt so viele wie beim durchschnittlichen Penis, der ungefähr **4000 Nervenenden** hat.

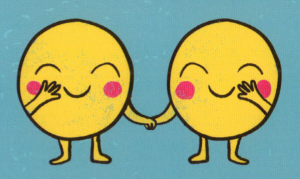

SUPERDEHNBAR

Die Vagina liegt im Inneren des Körpers und hat echte Superkräfte. Sie kann sich auf das **10-Fache ihrer normalen Größe** ausdehnen! Das muss auch so sein, denn durch diese Röhre kommen die Babys raus.

1. **Äußere Schamlippen**: Diese Hautfalten (Lippen) schützen die Vulva.

2. **Innere Schamlippen**: Auch diese empfindlichen Hautfalten sind ein Schutz für die Vulva.

3. **Vaginalöffnung**

4. **Scheideneingang**

5. **Klitoris**: An diesem Punkt enden besonders viele Nerven. Eine Berührung kann sich schön anfühlen.

6. **Harnröhrenöffnung**: Durch dieses kleine Loch kommt Urin raus.

7. **Anus**: die Öffnung zum Kacken

8. **Venushügel**: Diese Erhebung aus Fettgewebe bedeckt und schützt den Schambereich.

9. **Schamhaare**

ALLES ÜBER BRÜSTE

Bei Mädchen ist die erste sichtbare Veränderung oft das Wachsen der Brüste. Das kann vor dem **9. Lebensjahr** losgehen oder erst nach dem **11.** — bei jeder ist es unterschiedlich. Der Zeitpunkt hat übrigens nichts mit der späteren Größe der Brust zu tun! Tatsächlich beginnt die Brustentwicklung schon gleich nach der Geburt.

5 SCHRITTE DER BRUSTENTWICKLUNG

1   **2**   **3**   **4**   **5**

Diese Zeichnung zeigt, wie sich die Größe der Brüste entwickelt.
Deine können natürlich größer oder kleiner sein als die auf dem Bild.

5 BUSEN-FAKTEN

Brüste können beim Wachsen wehtun.

Eine Brust kann größer sein als die andere.

Vielleicht bekommst du Dehnungsstreifen, aber keine Sorge, das haben viele.

Schritt 1: Geburt bis Vorpubertät

Die Spitze der Brustwarze ist erhoben und die Brust ist flach.

Schritt 2: Vorpubertät

Mit etwa 9 bis 10 Jahren bilden sich bei Mädchen Brustknospen. Diese kleine Wölbung unter der Brustwarze kann empfindlich sein. Oft wird auch die Gegend um die Brustwarze (Brustwarzenhof) größer und dunkler.

Schritt 3: Frühe Pubertät

Mehr Brustgewebe entwickelt sich, die Brüste wachsen.

Schritt 4: Späte Pubertät

Die Brustwarzen und der Brustwarzenhof werden größer und können vorstehen

Schritt 5: Erwachsenenalter

Mit ungefähr 17–18 Jahren sind die Brüste voll entwickelt. Im Laufe des Lebens können sie sich aber durch Schwangerschaft, Gewichtsschwankungen, Alter und Hormone weiter verändern.

670 ml

WOZU SIND DIE BRÜSTE DA?

Brüste und Brustwarzen sind dazu da, Babys mit Muttermilch zu versorgen. Das wird auch als Laktation bezeichnet. Muttermilch ist die perfekte Nahrung für Babys, da sie alle Nährstoffe enthält, die sie brauchen. Ein Säugling, der **4 Kilo** wiegt, braucht ungefähr **670 ml Muttermilch pro Tag**. Das entspricht einem sehr großen Glas Milch.

Brustwarzen können rund, oval, groß oder klein sein — alles normal.

Manchmal wachsen auf dem Brustwarzenhof Haare — auch das ist normal!

HILFE, ICH BRAUCHE EINEN BH!

70A ODER 75B, DAS IST HIER DIE FRAGE ...

Der erste BH-Kauf ist schon so eine Sache! Manche Mädchen können es kaum erwarten, andere finden die Wäscheabteilung im Kaufhaus total gruselig. Es gibt Sport-BHs, Bügel-BHs, nahtlose BHs, einfarbige und gemusterte. Vielleicht ist dir der erste BH-Kauf megapeinlich. Leichter wird's, wenn du weißt, welcher BH für dich geeignet ist.

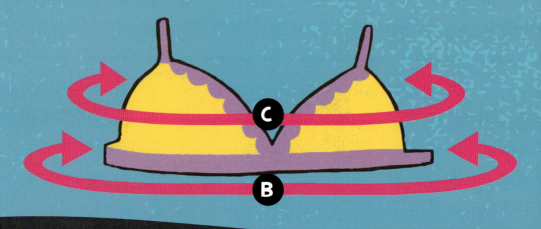

DAS A-B-C-DD DER BH-GRÖSSEN

A. Bevor du einen BH kaufst, sollte die richtige Größe ermittelt werden. In vielen Läden gibt es Fachverkäuferinnen, die die Größe messen können.

B. Zuerst wird die Unterbrustweite gemessen, indem ein Maßband um den Brustkorb gelegt wird. Die Größe wird in Zentimetern angegeben.

C. Als Nächstes wird die Weite um die Brüste herum gemessen. So ermittelt man die Körbchengröße, die von A bis DD geht.

D. Am besten probierst du mehrere BHs an, um herauszufinden, welcher dir am besten passt. Er muss bequem sein und die Brust im Wachstum gut unterstützen.

REDEN WIR ÜBER HAARE

UNTENRUM

Es ist eine Tatsache: Irgendwann wachsen sie. Nach einiger Zeit ist meist ein dreieckiger Bereich über dem Venushügel von Schamhaar bedeckt, außerdem die Vulva und manchmal auch ein Stückchen der Oberschenkel.

ÜBERALL

Außerdem sprießen während der Pubertät Haare an den Beinen, im Gesicht und an anderen Körperstellen, zum Beispiel unter den Armen. Das ist ganz natürlich – du musst nicht gleich ins Bad rennen und alles abrasieren. Am besten redest du mit einem Erwachsenen, holst dir Rat und überlegst erst mal. Und denk dran: Die Haare haben einen Sinn.

5 FLAUSCHIGE FAKTEN

1. Schamhaare schützen. Stell sie dir als flauschige Decke vor, die die empfindliche Haut vor Reibung schützt. Außerdem helfen Schamhaare, das Eindringen von Bakterien in die Scheide zu verhindern.

2. Schamhaare können Schweiß absorbieren.

3. Übrigens waren die Haare schon immer da – sie waren bloß kurz und fein, als du noch klein warst.

4. Schamhaare müssen nicht dieselbe Farbe haben wie die Haare auf dem Kopf.

5. Schamhaare wachsen ungefähr **0,5 bis 1 cm pro Monat.**

EINMAL IM MONAT

Viele Mädchen machen sich Gedanken, wann sie zum ersten Mal ihre Regel bekommen. Meistens passiert das **12 bis 18 Monate** nach Beginn des Brustwachstums — ganz genau voraussagen lässt es sich aber nicht. Keine Angst: Wenn du es nicht rumerzählst, wird niemand wissen, dass du deine Regel hast! Vielleicht machen dich auch die ganzen Binden, Tampons und Menstruationstassen nervös, weil du nicht weißt, was du benutzen sollst. Rede mit einer Erwachsenen, der du vertraust — genau wie bei allen anderen Fragen zum Thema Periode.

EIN GRUND ZUM FEIERN

Der offizielle Name für die Regel ist Menstruation. Die **erste Regel** wird als Menarche bezeichnet. Das klingt ein bisschen wie Monarch, also König. Sei eine Königin und feiere diesen besonderen Zeitpunkt, so wie es in vielen anderen Ländern gemacht wird!

Die Periode findet normalerweise **einmal im Monat** statt. Am besten notierst du dir den ersten Tag in einem Kalender oder Tagebuch.

DER MENSTRUATIONS-ZYKLUS

Ein Zyklus dauert durchschnittlich **28 Tage**, ist aber nicht bei jeder Frau und jedem Mädchen und auch nicht jedes Mal gleich lang.

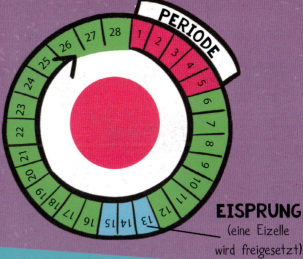

PERIODE

EISPRUNG
(eine Eizelle wird freigesetzt)

ALLES IST MÖGLICH

- Das durchschnittliche Alter bei der ersten Periode liegt heute bei **13**.
- Man verliert etwa **30–50 ml** Blut, also ungefähr **4–8 Teelöffel** voll.
- Die Blutung kann zwischen **2 und 7 Tagen** dauern, der Durchschnitt sind **5 Tage**.
- Eine normale Binde oder ein Tampon kann **5 ml** Blut aufsaugen.
- Ein Menstruationszyklus dauert bei den meisten Frauen zwischen **23 und 35 Tagen**.

5 DINGE, DIE REGELMÄSSIG NERVEN

Gefühle und Aussehen können sich bei Mädchen in den Tagen vor der Periode verändern. Das nennt man PMS (Prämenstruelles Syndrom). Vielleicht bekommst du:

1. Stimmungsschwankungen
2. Pickel
3. Bauchkrämpfe
4. Blähungen
5. Kopfschmerzen

UND JETZT DIE JUNGS!

Wenn ein Junge in die Pubertät kommt, ist eins der ersten Anzeichen (außer den Schamhaaren), dass Penis und Hoden wachsen. Das passiert meist im Alter von **12 bis 16**. Penisse können alle möglichen Formen haben, alle sind normal. Ein Penis wird manchmal plötzlich hart und richtet sich auf, wenn man nicht damit rechnet. Dieses Phänomen heißt spontane Erektion und kann immer und überall auftreten. Keine Sorge, mit der Zeit passiert das nicht mehr so oft.

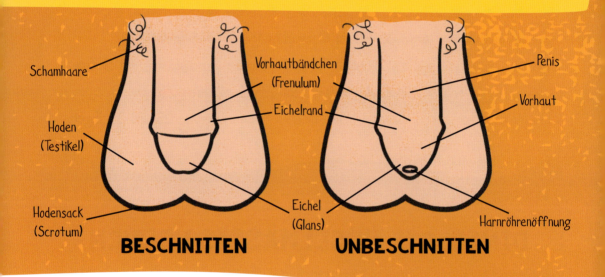

Schamhaare

Vorhautbändchen
(Frenulum)

Penis

Eichelrand

Vorhaut

Hoden
(Testikel)

Hodensack
(Scrotum)

Eichel
(Glans)

Harnröhrenöffnung

BESCHNITTEN   **UNBESCHNITTEN**

HARTE FAKTEN

Bei den meisten Männern ist der Penis mit **17–20 Jahren** voll entwickelt.

Männer haben durchschnittlich **8–11 EREKTIONEN** pro Tag.

Bei einer Erektion fließen ungefähr **100 ML BLUT** in drei Zylinder der Schwellkörper im Inneren des Penis.

BESCHNITTEN ODER NICHT?

33 %

Eine Beschneidung ist die Entfernung der Vorhaut. Es ist ein medizinischer Vorgang und sollte im Krankenhaus von einem Chirurgen gemacht werden. Viele jüdische und islamische Jungen werden aus religiösen Gründen beschnitten. Manchmal wird es auch aus medizinischen Gründen gemacht, zum Beispiel wenn die Vorhaut so eng ist, dass eine Erektion schmerzhaft ist.

Beschnittene Männer über 15 (weltweit): 33 %

KEIN MASSSTAB FÜR MÄNNLICHKEIT

Der durchschnittliche Penis ist im erigierten Zustand bei Erwachsenen **13 bis 18 cm** lang, aber die Größe ist nicht wichtig. Im nicht erigierten (schlaffen) Zustand kann ein Penis eine ganz andere Länge haben.

ERIGIERTER PENIS

NICHT ERIGIERTER PEANIS

Die meisten spontanen Erektionen verschwinden nach ein paar Minuten wieder.

Ein erigierter Penis kann nach oben, vorne, unten oder seitlich abstehen — gerade oder schief.

Jede Ejakulation (Samenerguss) kann **2 bis 5 ml** Sperma enthalten, das entspricht einem Viertel bis einem ganzen Teelöffel voll.

Durchschnittlich gibt es **7 Samenausstöße** und etwa **10 weitere Kontraktionen** pro Ejakulation.

PINKELN UND ANDERES

Der Penis ist zum Pinkeln und zur Fortpflanzung da – ein ziemlich wichtiges
Teil also! Doch auch im Inneren eines
männlichen Körpers passiert jede Menge,
und Sex ist dabei nicht alles.

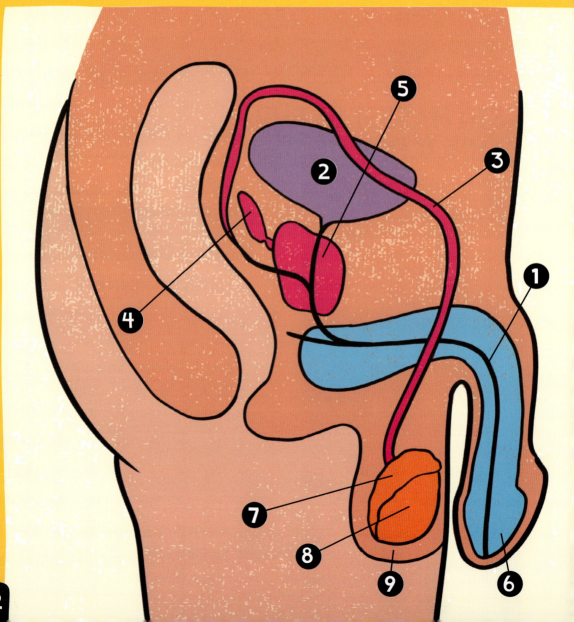

COOL, ODER?

Der Körper produziert mehr Sperma, wenn die Temperatur der Hoden etwa **3–5 °C** unter der Körpertemperatur liegt. Es ist also für die Fortpflanzung wichtig, dass die Hoden kühl bleiben. Wird es zu warm, hängen sie tiefer, also weiter vom warmen Körper entfernt. Bei kälteren Temperaturen ziehen Muskeln die Hoden enger an den Körper, um sie zu wärmen.

1. **Harnröhre**: Durch diese Röhre fließen Urin und Sperma* aus dem Körper.

2. **Harnblase**: Gehört zu den Harnwegen. Hier sammelt sich der Urin.

3. **Samenleiter**: Durch diese Röhren fließen die Spermien in die Samenblase.

4. **Samenblasen**: Ungefähr **70 %** des Spermas werden hier produziert.

5. **Prostata**: Etwa **30 %** des Spermas werden hier produziert.

6. **Eichel**: Das Ende oder der »Kopf« des Penis. Die Eichel hat ein kleines Loch, durch das Urin und Sperma herauskommen.

7. **Nebenhoden**: Hier reifen die Spermien aus und werden für **4–5 Wochen** »gelagert«.

8. **Hoden**: Der Großteil des Spermas und das Hormon Testosteron werden in den beiden Hoden produziert.

9. **Hodensack**: Dieser Sack schützt die Hoden.

* Sperma ist die Flüssigkeit, die die Samenzellen enthält.

WIE GROSS?

Ein menschliches Spermium ist etwa **50 Mikrometer** groß **(0,05 mm)**.

(Das ist viele Male kleiner als dieser Punkt.)

... UND WIE SCHNELL?

Während einer Ejakulation verlässt das Sperma mit durchschnittlich **17 km/h** den Körper.

WACHSTUMS-SCHUB UND BARTFLAUM

GRÖSSER, BREITER, TIEFER

Die meisten Jungs haben Wachstumsschübe, bei denen auch Brust und Schultern breiter werden. Durch das Testosteron wachsen die Muskeln. Im Stimmbruch wird die Stimme tiefer, weil der Kehlkopf größer und die Stimmlippen länger werden. Vielleicht kippt deine Stimme oder du hörst dich plötzlich quietschig oder heiser an. Das ist nervig, aber anderen geht's genauso!

WACHSTUMSSCHÜBE

Durchschnittlich wachsen Jungen **zwischen 12 und 15** etwa **7–9 cm pro Jahr**. Wer sehr schnell wächst, kann sich manchmal etwas ungeschickt fühlen, weil sich der Körper erst an die neue Größe gewöhnen muss.

VOM FLAUM ZUM BART

Wenn Jungen wachsen, wächst auch ihr Haar – überall! Im Schambereich, unter den Armen, an den Beinen … Brusthaare tauchen meist **zwischen 13 und 18 Jahren** auf, bei manchen Männern ist die Brustbehaarung allerdings **erst mit 30** oder noch später voll entwickelt, andere bekommen gar keine Brusthaare. Auch der Bartwuchs wird vom Testosteron ausgelöst.

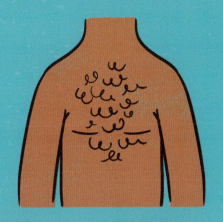

9–11 JAHRE:

Die Haut ist baby-zart, bei manchen Jungen können sich allerdings schon die ersten Haare zeigen.

11–15 JAHRE:

Ein leichter Flaum erscheint über der Oberlippe. Wenn du willst, kannst du ihn abrasieren.

16–18 JAHRE:

Die Haare werden dichter und voller. Nun können sie auch an den Wangen und unter der Unterlippe wachsen. Manche Jungen rasieren sich jeden Tag.

18–21 JAHRE:

Einige lassen sich einen Vollbart und Ko-teletten wachsen. Du kannst mit Länge und Stil experimentieren. Allerdings ist nicht bei allen der Bartwuchs üppig genug für einen Vollbart.

3 HAARIGE FAKTEN

2. Weltweit haben etwa **55 %** der Männer einen Bart oder eine andere Gesichtsbehaarung.

3. Rasieren braucht Zeit! Ein Mann, der sich rasiert, ist damit etwa **3350 Stunden** in seinem Leben beschäftigt.

1. Ein Bart wächst durch-schnittlich **14 cm** pro Jahr.

FEUCHTE TRÄUME

Als ob man während der Pubertät nicht schon genug um die Ohren hätte! Brüste und Penis wachsen, überall sprießen Haare, es gibt die Periode, Stimmungsschwankungen und dann auch noch diese Pickel! Für Jungs kommt noch eine weitere schräge Sache dazu — nächtliche Samenergüsse (feuchte Träume). Aber keine Panik — wenn du mit einem nassen Fleck auf dem Bettlaken aufwachst, tut dein Körper genau das, was er tun soll. Und Mädels: Auch ihr könnt feuchte Träume haben!

WORAN DENKST DU?

Wenn du einen feuchten Traum hast, kann alles Mögliche in deinem Kopf vorgehen. Manchmal kannst du dich an deinen Traum erinnern, manchmal nicht. Die Träume können aufregend sein, es kann aber auch sein, dass du dich schuldig fühlst. Aber vergiss nicht – das sind nur Träume und oft nicht das, was du dir im wirklichen Leben wünschst.

DU BIST NICHT ALLEIN!

- **80 %** der Männer hatten schon mindestens einen feuchten Traum.
  - **85 %** der Frauen hatten **vor dem 21. Geburtstag** einen feuchten Traum.

FEUCHTE TRÄUME FAQ

F: Was ist ein feuchter Traum?

A: Das ist ein Orgasmus im Schlaf.

F: Was passiert bei einem feuchten Traum?

A: Männer haben einen Samenerguss. Frauen können ebenfalls einen Orgasmus haben und etwas feucht werden, meist sieht man aber nichts auf dem Bettlaken.

F: Warum passiert das?

A: Um gesunde Babys zu zeugen, werden gesunde Samenzellen gebraucht. Der männliche Körper muss von Zeit zu Zeit altes Sperma loswerden, um Platz für frisches, gesundes Sperma zu machen. Das passiert durch einen Samenerguss.

TESTOSTERON

HORMONGESTEUERTE GEDANKEN

In der Pubertät bewirkt der Schwung neuer Hormone, dass man öfter an Sex denkt. Im Durchschnitt haben Jungen in dem Alter **viermal pro Nacht** eine Erektion. Am Tag kann das sogar noch häufiger vorkommen!

TOP-TIPP

Wenn du keine Flecken auf dem Laken haben willst, trag nachts eine Unterhose unter deiner Schlafanzughose.

DIE MIEFIGEN JAHRE

Während der Pubertät werden ungefähr **3 Millionen Schweißdrüsen** aktiv. Du schwitzt unter den Achseln und auch die Genitalien können anfangen zu müffeln. Peinlich, so verschwitzt und stinkig zu sein! Aber mit guter Hygiene kriegst du das in den Griff. Und schließlich ist Schwitzen eigentlich eine super Sache, denn es kühlt den Körper, schwemmt unerwünschte Stoffe aus und sorgt für ein gutes Hautklima.

WAS MÜFFELT DA?

Es gibt **zwei Hauptarten von Schweißdrüsen**. Wenn du also müffelst, weißt du jetzt, wer schuld ist!

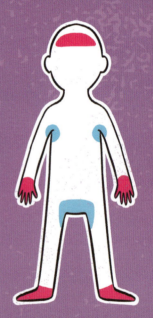

- **Ekkrine Schweißdrüsen** sind über den ganzen Körper verteilt. Hauptsächlich kommen sie am Kopf, an den Handflächen und Fußsohlen vor.

- **Apokrine Schweißdrüsen** sind vorwiegend an behaarten Stellen zu finden, also an den Achselhöhlen und Genitalien. Ihr Schweiß enthält Duftstoffe.

Die ekkrinen Schweißdrüsen können bis zu **10 Liter Schweiß** pro Tag produzieren.

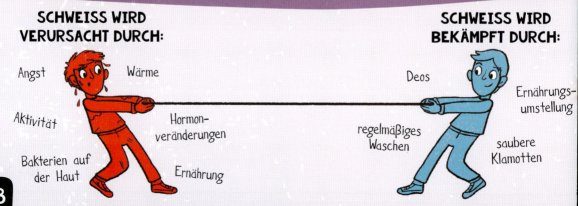

SCHWEISS WIRD VERURSACHT DURCH:

Angst · Wärme · Aktivität · Hormonveränderungen · Bakterien auf der Haut · Ernährung

SCHWEISS WIRD BEKÄMPFT DURCH:

Deos · Ernährungsumstellung · regelmäßiges Waschen · saubere Klamotten

250 000 Schweißdrüsen
x Bakterien
x warme, dunkle Turnschuhe
= Stinkefüße!

10–20 %
der Menschen
haben extreme
Stinkefüße.

IMMER SCHÖN FRISCH BLEIBEN

Wenn sich der Schweiß aus den Schweißdrüsen der Genitalien mit Hautschüppchen und den natürlichen Hautbakterien mischt, entsteht das Smegma: eine käseartige, klebrige Masse, die unangenehm riechen kann. Am besten wäscht man sich jeden Tag, um quietschsauber zu bleiben.

4 SCHRITTE FÜR JUNGS

1. Wenn du eine Vorhaut hast, vorsichtig zurückziehen. Nicht mit Gewalt!

2. Mit warmem Wasser und milder, unparfümierter Seife waschen. Nicht rubbeln!

3. Mit klarem Wasser abspülen und trocken tupfen.

4. Vorhaut (wenn vorhanden) vorsichtig zurück über die Eichel schieben.

4 SCHRITTE FÜR MÄDCHEN

1. Die Scheide reinigt sich selbst. Vaginalduschen, Reinigungstücher etc. sind unnötig.

2. Um die Vulva herum mit milder, unparfümierter Seife waschen. Parfüm, Gel und Desinfektionsmittel können reizen und sogar Entzündungen verursachen.

3. Am besten Slips aus Baumwolle tragen. Die sind atmungsaktiv — anders als solche aus Polyester oder Nylon.

4. Auf der Toilette immer von vorn nach hinten wischen, damit keine Bakterien vom Darm in die Scheide gelangen.

PICKEL UND CO.

Akne, Mitesser und Pickel gehören leider während der Pubertät zum Leben. Was hat es mit den verhassten Dingern auf sich, wodurch werden sie verursacht, und was kannst du machen, um die Sache in den Griff zu kriegen?

VERSTOPFTE POREN

Schuld an den Pickeln ist der Talg, eine ölige Substanz, die in den Talgdrüsen gebildet wird. Die Pubertätshormone können dazu führen, dass die Talgdrüsen verrücktspielen. Dann blockiert der Talg die Poren und schließt Bakterien ein, die unschöne Pickel und Mitesser verursachen.

NICHT AUSDRÜCKEN

Hände weg von den Pickeln! Sonst kannst du die Bakterien verbreiten und alles noch schlimmer machen. Es kann sogar sein, dass sich Narben bilden. Wir haben dich gewarnt!

AKNE-ATTACKE

85 %

aller Menschen
zwischen 12 und 24
bekommen Akne.

96 %

der Leute
mit Akne leiden
darunter.

99 %

derjenigen, die Akne
haben, bekommen die
Pickel im Gesicht.

60 %

der Leute mit
Akne haben sie am
restlichen Körper.

WAS KANNST DU TUN?

Pickel sind ein normales Zeichen der Pubertät, aber du kannst deinem Körper im Kampf gegen die Bakterien helfen, indem du ein paar einfache Dinge beachtest. Wenn die Akne sehr schlimm wird, solltest du aber zum Arzt gehen und dir eventuell Medikamente verschreiben lassen.

EINCREMEN

OFT HÄNDE WASCHEN

PEELING

TÄGLICH WASCHEN

GESUNDE ERNÄHRUNG

NICHT ANFASSEN

MAKE-UP VERMEIDEN

AUSREICHEND SCHLAFEN

ANTI-PICKEL-CREME

ERNÄHRUNG IST WICHTIG

Eine gesunde Ernährung schützt dich nicht vor Pickeln, hilft aber dem Köper, Infektionen zu bekämpfen.

Iss jeden Tag ausreichend Obst und Gemüse! Sie versorgen dich mit Vitaminen und Mineralstoffen = Zellerneuerung und reine Haut.

Nimm ausreichend Kohlenhydrate zu dir = viel Energie!

Iss ausreichend Eiweiß = wichtig für das Gewebe!

Nimm Kalzium zu dir = gesunde Zähne und Knochen!

Trink **1,5–2 Liter Wasser** am Tag, das ist gut für die Haut!

WER BIN ICH?

GENDER UND IDENTITÄT

Die Pubertät bringt viele Veränderungen auf körperlicher Ebene mit sich, aber auch im Kopf geht es oft rund. Manche Jugendliche sind verwirrt und fragen sich, wer sie eigentlich sind. Zu welchem Gender und welcher sexuellen Identität fühlen sie sich zugehörig?

ES LIEGT IN DEN GENEN

Dein biologisches Geschlecht wird durch die Chromosomen bestimmt. In den meisten Fällen wird entweder ein weibliches oder ein männliches Fortpflanzungssystem gebildet. Aber in einigen Fällen ist das Geschlecht nicht so eindeutig (siehe »intersexuell« auf S. 33). »Gender« bezieht sich auf die Geschlechterrolle. Du fühlst dich als Mann oder Frau (oder beides) und diese Rolle kann von deinem biologischen Geschlecht abweichen.

22 Chromosomenpaare +

weiblich: 2 x-Chromosomen = xx

männlich: 1 x- und 1 y-Chromosom = xy

+ HORMONE!!!

= ALLES IST MÖGLICH!

GENDER-IDENTITÄTEN

Die Wahrheit ist: Du kannst sein, wer du sein willst. Nur weil du mit bestimmten Geschlechtsmerkmalen geboren willst, muss das nicht heißen, dass du dich als diese Person fühlst. Es gibt viele verschiedene Gender-Identitäten! Hier sind ein paar der bekanntesten:

CIS-GENDER

Jemand, der mit einem bestimmten Geschlecht geboren wird und sich auch so fühlt. Wenn du mit weiblichen Geschlechtsmerkmalen geboren wirst und dich als Frau fühlst, bist du eine Cis-Frau.

TRANSGENDER

Jemand, der mit einem bestimmten Geschlecht geboren ist, sich aber anders fühlt. Wenn du zum Beispiel mit männlichen Geschlechtsmerkmalen geboren bist, dich aber als Frau fühlst, bist du eine Trans-Frau.

AGENDER ODER GENDERNEUTRAL

Jemand, der sich keinem Geschlecht zugehörig fühlt oder sich geschlechtlich als neutral empfindet.

QUESTIONING

Jemand, der noch auf der Suche nach seiner sexuellen Identität ist.

GENDERFLUID

Dieser Begriff steht für Menschen, deren Geschlechtszugehörigkeitsgefühl veränderlich ist.

POLYGENDER

Jemand, der sich mehreren Geschlechtern zugehörig fühlt, entweder gleichzeitig oder nacheinander.

NICHTBINÄR

Diese Bezeichnung beschreibt alle, die sich nicht eindeutig als Frau oder Mann fühlen.

INTERSEXUELL

Das ist eigentlich keine Geschlechterrolle. Intersexuelle Menschen werden mit Geschlechtsmerkmalen geboren, die keinem biologischen Geschlecht zugeordnet werden können. Zum Beispiel können sie weibliche äußere Genitalien haben, aber männliche innere. Intersexuelle identifizieren sich mit dem Geschlecht, das sich für sie richtig anfühlt.

HETERO, HOMO ODER BI?

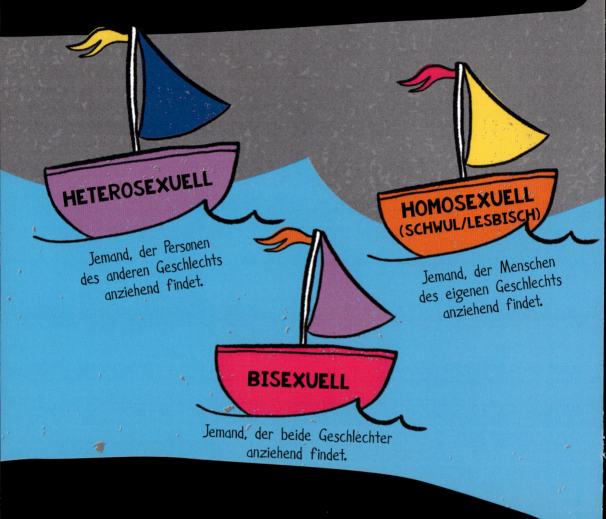

HETEROSEXUELL

Jemand, der Personen des anderen Geschlechts anziehend findet.

HOMOSEXUELL (SCHWUL/LESBISCH)

Jemand, der Menschen des eigenen Geschlechts anziehend findet.

BISEXUELL

Jemand, der beide Geschlechter anziehend findet.

SEXUELLE AUSRICHTUNG

Die Pubertät ist eine aufregende Zeit, in der Jugendliche vermehrt sexuelle Gefühle entwickeln. Du kannst nicht steuern, in wen du dich verliebst. Es braucht Zeit und Erfahrung, die eigene sexuelle Ausrichtung zu finden. Aber du musst dich auch nicht festlegen – du hast dein ganzes Leben lang Zeit, dich zu entscheiden. Es kann sein, dass du dich mit **12** total anders fühlst als mit **18**, **30** oder **über 50**. Das ist das Tolle an der Sexualität – nichts ist in Stein gemeißelt.

GEH AUF ENTDECKUNGSREISE!

Es gibt jede Menge sexuelle Ausrichtungen – hier sind ein paar der bekanntesten.

PANSEXUELL

Jemand, der Menschen unabhängig von ihrem Geschlecht anziehend findet.

ASEXUELL

Jemand, der nicht an Sex interessiert ist, aber trotzdem eine romantische Beziehung haben kann.

AROMANTISCH

Jemand, der keine romantische Beziehung möchte, aber vielleicht Sex.

QUEER

Ein Sammelbegriff für alle, die nicht heterosexuell sind.

DISKRIMINIERUNG

Etwa **80 %** aller jungen Homo-, Bi- oder Transsexuellen haben Diskriminierung wegen ihrer sexuellen Ausrichtung erfahren. Rund **90 %** aller LGBTQI+-Jugendlichen geben in Umfragen an, negative Erfahrungen wegen ihres Geschlechts oder ihrer Ausrichtung gemacht zu haben.

DER ERSTE KUSS

Irgendwann wirst du dich in jemanden verlieben und mit ihm oder ihr zusammen sein wollen. Erste Dates, erste Küsse und erste Liebe sind toll, aber bleib entspannt und lass dir Zeit. Setz dich nicht unter Druck, etwas zu tun, nur weil es deine Freunde tun.

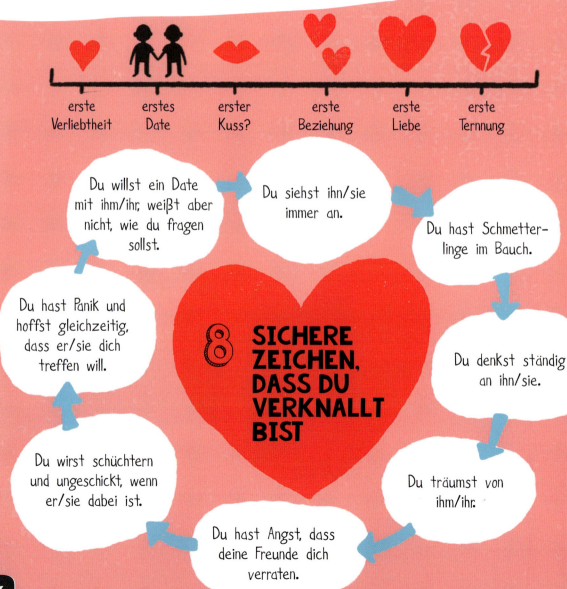

| erste Verliebtheit | erstes Date | erster Kuss? | erste Beziehung | erste Liebe | erste Ternnung |

8 SICHERE ZEICHEN, DASS DU VERKNALLT BIST

Du willst ein Date mit ihm/ihr, weißt aber nicht, wie du fragen sollst.

Du siehst ihn/sie immer an.

Du hast Schmetterlinge im Bauch.

Du hast Panik und hoffst gleichzeitig, dass er/sie dich treffen will.

Du denkst ständig an ihn/sie.

Du wirst schüchtern und ungeschickt, wenn er/sie dabei ist.

Du träumst von ihm/ihr.

Du hast Angst, dass deine Freunde dich verraten.

WANGEN-KUSS

KNUTSCHEN

KÜSSEN

BUSSI GEBEN

KNUDDELN

Etwa **zwei Drittel** der Menschen neigen beim Küssen den Kopf nach rechts.

Der längste Kuss dauerte laut **Guinness-Buch** der Rekorde **58 Stunden, 35 Minuten und 58 Sekunden.**

Beim Küssen werden bis zu **34 Gesichtsmuskeln** aktiv.

ZUNGEN-KUSS

ABKÜSSEN

UMARMEN

SCHMUSEN

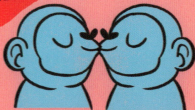

KUSS-KULTUR

- Von **168 untersuchten Kulturen** aus aller Welt praktizieren nur **77 %** romantische Küsse. Hauptsächlich in den westlichen Staaten wird geküsst.
- Schimpansen und Bonobos gehören zu den wenigen Tierarten, die küssen.

1 000 000 NERVENENDEN

Über **eine Million Nervenenden** machen die Lippen zum empfindlichsten Teil unseres Körpers. Küssen fühlt sich nicht nur gut an, dabei werden auch Pheromone (Duftstoffe) übertragen. So finden wir heraus, ob wir jemanden »riechen können«.

RESPEKTIERE DICH UND ANDERE

Küssen steht oft am Anfang einer sexuellen Beziehung. Trotzdem bedeutet ein Kuss nicht, dass man weitere Schritte gehen muss. Es ist wichtig, immer respektvoll und ehrlich zu sein und aufeinander zu achten. Wenn einer von euch aufhören will, hört ihr auf. Nur du hast das Recht, über deinen Körper zu bestimmen, und du kannst jederzeit sagen, dass du nicht (mehr) geküsst oder berührt werden möchtest.

MASTURBATION

Den eigenen Penis oder die Klitoris zu berühren und zu reiben, wird Masturbation oder Selbstbefriedigung genannt. Das ist nichts Peinliches, aber etwas Privates. In der Pubertät wächst die sexuelle Lust bei der Selbstbefriedigung und man erlebt dabei vielleicht den ersten Orgasmus.

WAS IST EIN ORGASMUS?

Manche sagen, der Orgasmus (auch »Klimax« oder »Kommen« genannt) ist der Höhepunkt der sexuellen Befriedigung. Er wird als eine Welle beschrieben, die von den Genitalien ausgeht, wenn sich dort die Muskeln zusammenziehen und dann wieder entspannen. Manche beschreiben ihn auch als lustvolle Explosion mit angenehm kribbeligen Nachbeben. Bei jedem fühlt es sich anders an – aber fast immer gut!

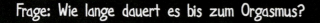

Frage: Wie lange dauert es bis zum Orgasmus?

Antwort: Das ist ganz unterschiedlich. Männer/Jungen brauchen aber durchschnittlich **2–10 Minuten**, um zum Höhepunkt zu kommen. Manchmal dauert es auch nur **ein paar Sekunden**. Frauen/Mädchen brauchen durchschnittlich **10–20 Minuten**, manchmal aber auch nur **30 Sekunden**.

Jungen masturbieren mit durchschnittlich **12,5 Jahren** zum ersten Mal.

Mädchen masturbieren mit durchschnittlich **13,7 Jahren** zum ersten Mal.

WARUM MACHEN WIR DAS?

SEXUELLE SPANNUNG ABBAUEN

SEXUELLE BEFRIEDI-GUNG

ENTSPANNUNG UND STRESSABBAU

ZUM EINSCHLAFEN

ZZZz

DIE WAHRHEIT ÜBER MASTURBATION

Selbstbefriedigung gehört zur Pubertät, ist natürlich und macht Spaß, aber es kann peinlich sein, darüber zu reden. Die meisten Leute tun es – schätzungsweise **80 bis 90 % aller Erwachsenen** masturbieren –, aber die wenigsten wollen darüber sprechen. Das kann kulturelle, religiöse oder auch private Gründe haben.

⑤ POSITIVE FAKTEN ÜBER MASTURBATION

Masturbation ist NICHT schädlich oder ungesund. Weder wirst du davon blind oder verrückt, noch hörst du auf zu wachsen, wenn du es tust.

1. Sie macht Lust und Spaß.

2. Sie kann dein Immunsystem stärken und ist deshalb gesund.

3. Du kannst entdecken, was du sexuell magst.

4. Sie ist komplett sicher, denn vom Masturbieren kann man nicht schwanger werden.

5. Sie ist NORMAL und NATÜRLICH.

REDEN WIR ÜBER SEX

Die vielen Veränderungen während der Pubertät machen den Körper bereit, Sex zu haben und Babys zu bekommen oder zu zeugen. Beim Sex geht es aber nicht bloß um Fortpflanzung. Sex kann schön und aufregend sein — Menschen machen es, weil sie Lust darauf haben. Es ist wichtig, dass du gedanklich und körperlich bereit dafür bist. Und: Sex sollte immer einvernehmlich geschehen — ihr müsst es beide wollen.

JUNGFRÄULICHKEIT

Jemand, der noch keinen Geschlechtsverkehr hatte, wird Jungfrau genannt. Wenn jemand zum ersten Mal Sex hatte, sagt man, er oder sie hat »die Jungfräulichkeit verloren«.

DAS SCHUTZALTER

Auf der ganzen Welt gibt es Gesetze, ab wann Jugendliche Sex haben dürfen. In manchen Ländern ist gleichgeschlechtlicher Sex grundsätzlich verboten.

Grönland 15

Norwegen 16

Kanada 16

Russland 16

Deutschland 14
Österreich 14

USA 16–18

GB 16

Schweiz 16

China 14

Portugal 21

Türkei 18

Mexiko 16–18

Niger 13

Indien 18

Zentral-afrikanische Republik 18

Brasilien 14

Chile 14
(18 für gleichge-schlechtlichen Sex)

Argentinien 18

Südafrika 16

Australien 16

Neuseeland 16

In einigen Ländern, z. B. Iran, Pakistan und Saudi-Arabien, ist Sex vor der Ehe nicht erlaubt.

EIN WIRBELWIND

Die Gefühle beim Sex sind unabhängig von der sexuellen Identität – genauso wie die Tatsache, dass beide einverstanden sein müssen. Wichtig sind auch der **Schutz vor sexuell übertragbaren Krankheiten** sowie die **Verhütung**. Kondome* sind dabei die sicherste Wahl, da sie nicht nur vor ungewollter Schwangerschaft schützen, sondern auch vor sexuell übertragbaren Krankheiten wie Chlamydien.

* Kondome schützen zu **98 %** vor Schwangerschaft, wenn sie richtig angewendet werden. Andere Verhütungsmittel sind Antibabypille, Implantat oder Injektion, Spirale und Diaphragma.

1. KÜSSEN

2. STREICHELN

7. KONDOM ÜBERZIEHEN

8. SEX

3. PETTING

6. ZUSTIMMEN

5. ZUHÖREN, WAS DER PARTNER WILL

4. JA ODER NEIN SAGEN

EIN GEMEINSAMER RHYTHMUS

Der Geschlechtsakt ist die Vereinigung der Sexualorgane, bei Heterosexuellen meist das Eindringen vom Penis in die Scheide.

Oft bewegen sich die Partner rhythmisch zusammen, um die Lust zu steigern.

Beide Partner können einen Orgasmus haben oder auch nur einer oder keiner von beiden.

Die Stimulation des Penis oder der Klitoris kann zum Orgasmus führen.

Wenn sich der Sex gut anfühlt, werden Hormone ausgeschüttet — man fühlt sich glücklich, entspannt oder verliebt.

Wenn es sich nicht gut anfühlt, redet miteinander über eure Gefühle!

SEID IHR BEREIT?

An diesem Diagramm kannst du ablesen, ob ihr bereit zum Sex seid.

Ihr habt Spaß zusammen.

Genießt eure Beziehung, für Sex ist es noch zu früh.

Ihr vertraut euch.

Habt Sex, wenn ihr es beide wollt.

Wartet, bis ihr euch wirklich vertraut.

Fragt euch, ob ihr wirklich bereit seid.

Ihr habt das Schutzalter überschritten.

EIN KIND WIRD GEZEUGT

1 x EIZELLE + 1 x SAMENZELLE = 1 BABY (MANCHMAL AUCH MEHRLINGE)

Der Geschlechtsakt ist nur der Anfang. Durch die Ejakulation gelangt Sperma, das Samenzellen enthält, in die Vagina. **Millionen Spermien** beginnen ihre Reise durch die weiblichen Geschlechtsorgane mit der Mission, eine Eizelle zu finden, die sie befruchten können.

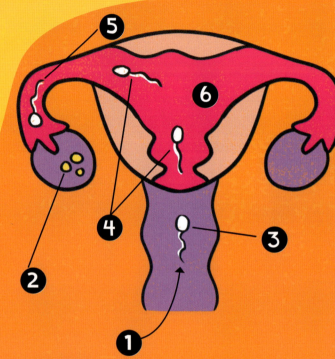

WETTLAUF FÜRS LEBEN

1. **50 bis 500 Millionen Spermien** gelangen in die Vagina. Hier können sie etwa bis zu **5 Tage** überleben.

2. Pro Menstruationszyklus wird normalerweise **1 Eizelle** von einem der Eierstöcke abgegeben. Sie bewegt sich durch einen der Eileiter, ist aber nur **24 Stunden** lang befruchtungsfähig.

3. Spermien sind fix unterwegs. Ihr langer Schwanz treibt sie mit **3–4 mm pro Minute** vorwärts. Jedes Spermium hat nur ein Ziel: die Eizelle zu befruchten.

4. Die Spermien bewegen sich durch die Vagina, dann durch den Gebärmutterhals in die Gebärmutter. Anschließend schwimmen sie in die Eileiter.

5. Manche Spermien sind fitter als andere. Nur **ein paar Hundert** erreichen die Eizelle.

6. Im Regelfall durchstößt nur **1 Spermium** die Hülle der Eizelle. Das nun befruchtete Ei nistet sich in der Gebärmutter ein.

SPERMIEN UNTERWEGS!

Neben dem Fakt, dass die Spermien in den Eileitern um die Wette schwimmen, um das Ei zu erreichen, gibt es noch verschiedene andere Theorien: Sie reichen von gegenseitigem Bekämpfen bis zur Unterstützung, weil die Spermien zu zweit oder zu viert schneller schwimmen können.

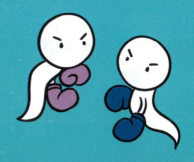

NATÜRLICHE AUSLESE

Wissenschaftler vermuten, dass die riskante Reise der Spermien zum Ausleseprozess der Natur gehört. Wenn das fitteste und gesündeste Spermium schließlich das Ei befruchtet, sind die Chancen größer, dass ein gesundes Baby entsteht.

FAKTEN ÜBER EIZELLEN

Ein **20 Wochen alter weiblicher Fötus** hat etwa **7 Millionen Eizellen**.

Bei der Geburt haben Mädchen noch **1–2 Millionen Eizellen** in den Eierstöcken.

Etwa **10 000 Eizellen** sterben jeden Monat bis zur Pubertät.

Wenn ein Mädchen zum ersten Mal seine Monatsblutung bekommt, hat es noch **rund 400 000 Eizellen** übrig.

Aus **einer einzigen Eizelle** entsteht ein Baby (oder eineiige Mehrlinge).

Zweieiige Zwillinge entstehen aus **zwei Eizellen**.

20 ÜBERLEBENSTIPPS FÜR DIE PUBERTÄT

Diese Tipps können dir auf der Achterbahnfahrt vom Kind zum Erwachsenen helfen.

1. **Erwachsen zu werden** und die **Pubertät zu erleben**, ist **aufregend**. Die vielen Veränderungen sind total spannend – sogar die haarigen Sachen!

2. Die Straße vom Kind zum Erwachsenen kann manchmal ziemlich holprig sein – aber vergiss nie, **dass du einzigartig bist**!

3. Du musst nicht allein mit allem fertigwerden. **Familie**, **Freunde** und **Lehrer** sind für dich da, wenn du Hilfe brauchst.

4. Wenn du ernsthafte Probleme bekommst, gibt es **Selbsthilfegruppen** und **Organisationen**, die dir helfen können (siehe Seite 47).

5. **Lach** dich schlapp! Lachen setzt Substanzen im Körper frei, die Endorphine genannt werden. Sie bewirken, dass du dich **super** fühlst.

6. **Sing** unter der Dusche, pfeife beim Spazierengehen und rappe in deinem Zimmer. Denn auch beim Singen werden die glücklich machenden **Endorphine** freigesetzt.

7. Achte auf ausreichend Schlaf! **8–10 Stunden pro Nacht** sollten es sein, damit du topfit bleibst.

8. In der Stunde vor dem Schlafengehen nutzen **90 %** der Menschen noch ihre elektronischen Geräte. Doch das beeinflusst die Einschlafdauer und die Qualität des Schlafs!

9. Immer fruchtig bleiben! Iss **mehrere Portionen Obst und Gemüse** pro Tag.

10. Trink genug! **9–12-Jährige** brauchen etwa **1,5 Liter** pro Tag, Teenager schon **2 Liter**.

11. **Hilf anderen**! Es ist wissenschaftlich bewiesen, dass **gute Taten glücklich machen**.

12. **Chill mal**! Zum Beispiel mit **Yoga**, das hält nicht nur den Körper elastisch, sondern wirkt auch beruhigend und reguliert den Hormonspiegel.

13. Versuche, dich jeden Tag mindestens **60 Minuten moderat zu bewegen**. Du könntest zum Beispiel zu Fuß zur Schule gehen oder mit dem Rad fahren.

14. **Sportliche Aktivität** ist wichtig für **gesunde Knochen** und **starke Muskeln**. Wenn du zum Beispiel **dreimal die Woche** läufst, schwimmst oder Fußball spielst, ist das super.

15. Iss **weniger Zucker**! Zucker schadet den Zähnen und kann zu Übergewicht und Krankheiten wie Diabetes führen.

16. Achte auf **Sicherheit im Internet**! Wähle sichere Passwörter, stell deine Profile auf »privat«, gib keine persönlichen Daten an Fremde heraus und achte auf sichere Websites (erkennbar am Vorhängeschloss-Symbol vor der Adresse).

17. Gib **Mobbern im Netz** keine Chance! **Einer von drei jungen Leuten** wurde im Netz schon einmal gemobbt, aber nur **einer von zehn** erzählt es einer Vertrauensperson. Falls du so etwas erlebst, erzähle es einem Erwachsenen, dem du vertraust!

18. Falls du auf **Pornografie** stößt: Das hat nichts mit dem wahren Leben zu tun. Rede mit einem Erwachsenen darüber!

19. Bevor du Sex hast, solltest du das **Schutzalter** erreicht haben. Und, ganz wichtig: Vergewissere dich, dass dein Partner/deine Partnerin einverstanden ist!

20. **Safer Sex** bedeutet **Schutz und Verhütung**. Kondome schützen vor **Schwangerschaft** und vor **sexuell übertragbaren Krankheiten**.

GLOSSAR

Akne:
Pickel und Mitesser, verursacht durch Überaktivität und Entzündung der Talgdrüsen

Bakterien:
mikroskopisch kleine, einzellige Lebewesen. Einige Bakterien verursachen Krankheiten.

Befruchtung:
Verschmelzung von Ei- und Samenzelle; Ausgangspunkt der Entstehung eines neuen Lebewesens

Brustwarzenhof:
die erhabene Haut um die Brustwarze herum

Chromosomen:
große Moleküle im Zellkern von Menschen, Tieren und Pflanzen. Sie bestehen aus der DNA, der Erbsubstanz, und tragen die Erbanlagen.

Drüse:
Organ, das ein Sekret produziert und dieses in den Körper oder nach außen abgibt

Eierstöcke:
Teil der weiblichen Geschlechtsorgane, in dem die Eizellen reifen und lagern

Ejakulation:
der Ausstoß von Sperma (Samenflüssigkeit) aus dem Penis beim Orgasmus des Mannes

Erektion:
Der Penis füllt sich mit Blut, wird dadurch größer und fester und richtet sich auf.

Gebärmutter:
Organ im weiblichen Körper, in dem Babys heranwachsen

Genitalien:
Geschlechtsorgane

Hoden:
Teil der männlichen Geschlechtsorgane. Hier werden die Spermien gebildet.

Hodensack:
Hautsack, der die Hoden enthält

Hormone:
vom Körper hergestellte chemische Botenstoffe, die verschiedene Körpervorgänge steuern

Immunsystem:
die Gesamtheit aus bestimmten Organen, Zellen und Substanzen, die den Körper vor Krankheiten und schädlichen Stoffen schützen

Kehlkopf:
im Hals sitzendes Organ, das für die Stimmbildung zuständig ist

Klimax:
anderes Wort für Orgasmus

Klitoris:
Teil der weiblichen Geschlechtsorgane; hat etwa die Größe einer Erbse und besitzt sehr viele Nervenenden. Berührungen können sich deshalb angenehm anfühlen.

Menstruationstasse:
flexibles Gefäß aus Silikon, das während der Menstruation in die Scheide eingeführt wird und das Blut auffängt

Östrogen:
ein Geschlechtshormon, das unter anderem für die Entwicklung der weiblichen Geschlechtsmerkmale sorgt

Orgasmus:
Höhepunkt der sexuellen Erregung beim Sex oder bei der Masturbation. Endorphine (die »Glückshormone«) werden gebildet. Männer stoßen beim Orgasmus Sperma aus.

Peeling:
Entfernung von alten Hautschuppen durch sanftes Reiben mit speziellen Peelingprodukten

Pheromone:
chemische Duftstoffe, die Informationen übertragen; können die Partnerwahl und das Verhalten beeinflussen

Pornografie:
Filme oder Fotos, die Sexualorgane oder Menschen beim Sex zeigen, mit dem Ziel, den Betrachter zu erregen

Protein:
ein wichtiger Bestandteil der Ernährung; findet sich beispielsweise in Fleisch, Eiern und Hülsenfrüchten

Schamhaare:
Haare im Genitalbereich bei Erwachsenen; fangen meist in der Pubertät an zu wachsen

Schamlippen:
Hautfalten, die den Eingang der Vagina umgeben

Testosteron:
Geschlechtshormon, das unter anderem für die Entwicklung der männlichen Geschlechtsmerkmale sorgt

Vaginaldusche:
ein Gerät zum Reinigen der Vagina

Verhütungsmittel:
verhindern, dass die Frau beim Sex schwanger wird. Es gibt zum Beispiel mechanische Verhütungsmittel wie Kondom oder Diaphragma und chemische wie die Antibabypille.

Vitamine:
Stoffe, die der menschliche Körper braucht, um zu wachsen und gesund zu bleiben

Vorhaut:
Hautfalte, die die Spitze des Penis bedeckt

INTERESSANTE BÜCHER

Absolute Jungensache: 99 Fragen und Antworten für Jungs. Von Sabine Thor-Wiedemann (Ravensburger 2013)

Absolute Mädchensache: 99 Fragen und Antworten für Mädchen. Von Sabine Thor-Wiedemann (Ravensburger 2013)

Alles, was Mädchen wissen sollten, bevor sie 13 werden. Von Heike Abidi (Oetinger 2017)

Das Jungs-Buch: Der ganze Kram, den du mit 14 wissen solltest. Von Stephan Borchers (Schwarzkopf & Schwarzkopf 2019)

Endlich blicken, wie wir ticken. Spannendes Wissen rund um die Pubertät. Von Mayim Bialik (dtv 2020)

For Boys Only: Was Jungs wissen wollen. Von Lydia Hauenschild (arsEdition 2019)

Make Love: Ein Aufklärungsbuch. Von Ann-Marlene Henning und Tina Bremer-Olszewski (Goldmann 2017)

Under construction: Das Aufklärungsbuch für Mädchen. Von Lydia Hauenschild (arsEdition 2020)

HILFREICHE WEBSEITEN

www.profamilia.de/fuer-jugendliche
Pro Familia ist ein deutschlandweiter Verbund von Beratungsstellen. Auf der Seite für Jugendliche gibt's Infos zu Sex, Pubertät, Verhütung, Liebeskummer und noch vielen andere Themen.

www.jugend.bke-beratung.de
Die bke-Jugendberatung ist eine Online-beratung für Jugendliche von der Bundes-konferenz für Erziehungsberatung mit Forum, Gruppenchat, Mailberatung und Online-Sprechstunden. Du bekommst Antworten bei Sorgen und Problemen wie Streit mit den Eltern, Stress in der Schule, Liebeskummer etc.
Kinder- und Jugendtelefon: 116 111

www.nummergegenkummer.de
Die Nummer gegen Kummer ist eine anonyme Telefonberatung. Hier kannst du anrufen, wenn du deine Probleme besprechen willst, ohne deinen Namen zu nennen. Wenn du gerne mit jeman-dem in deinem Alter sprechen willst, geht das übrigens auch!

www.loveline.de
Das Jugendportal zu Liebe, Sex und Verhütung. Dies ist die Jugendseite der Bundeszentrale für gesundheitliche Aufklärung (BZgA). Es gibt Texte und Videos zu allen Themen rund um die Pubertät, außerdem ein Forum und die Möglichkeit, Fragen zu stellen.

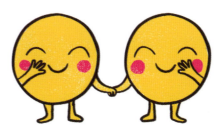

REGISTER

A
Akne 10, 30, 31
B
Babys 6, 7, 11, 12–13, 27, 40, 42–43
Bakterien 17, 28, 29, 30, 41
Bartwuchs 24–25
Befriedigung 38–39
Beschneidung 21
BH 16
Blutung s. Menstruation
Botenstoffe s. Hormone
Brüste 6, 10, 14–15, 16
C
Chlamydien 41
Chromosomen 32
D
Diskriminierung 35
Drüsen 8, 28–29, 30
Duftstoffe 37
E
Eichel 20, 23
Eierstöcke 3, 6, 9, 11, 43
Eileiter 11, 42
Eisprung 19, 42
Eizelle 3, 6, 7, 11, 19, 42–43
Ejakulation 6, 7, 21, 26–27, 42
Empfängnis 40, s. a. Schwangerschaft
Endorphine 44
Erektion 20, 21, 27
Ernährung 28, 31, 44, 45
F
Fortpflanzung 11, 23, 40
Fötus 11, 43
G
Gebärmutter 11, 42, s. a. Uterus
Gefühle 4, 11, 19, 28, 36, 41
Gender 3, 32–33
Gene 32
Genitalien 3, 11, 12, 28, 32, 33
Geschlecht 32
    biologisches 3, 32, 33
    soziales 3, 32
Geschlechtsänderung 7
Geschlechtsidentität s. Gender
Geschlechtsorgane s. Genitalien
Geschlechtsverkehr 40, 41
Geschlechtszelle 7, 11,
    s. a. Eizelle /Spermium
Gesundheit 31, 44, 45
Glans 20, s. a. Eichel
H
Haare 6, 10, 15, 17, 25
Harnblase 23
Harnröhre 13, 20, 23
Haut 10, 30–31
Hoden(sack) 3, 6, 9, 20, 23
Hormone 6, 8, 10, 15, 28, 30, 32, 41
Hygiene 28, 29
I
Identität, sexuelle 32–33, s. a. Gender
J
Jungfräulichkeit 40

K
Klitoris 6, 13, 38, 41
Körbchengröße 16
Krankheiten 29, 41
Kuss 36, 37
L
Laktation 15
LGBTQI 35
Lust 40, 41
M
Masturbation 38–39
Menarche 18, 19
Menstruation 6, 18–19, 43
Menstruationszyklus 7, 19, 42
Mitesser 20
Muttermilch 15
Muttermund 11
N
Nebenhoden 23
O
Orgasmus 6, 27, 38, 41
Östrogen 9
P
Peinlichkeit 4, 7, 16, 28, 38, 39
Penis 3, 6, 13, 20–21, 38, 41
Periode s. Menstruation
Pheromone 37
Pickel 10, 19, 30, 31
PMS 19
Pornografie 45
Prämenstruelles Syndrom 19
Prostata 23
Q
queer 35
R
rasieren 25
Regel s. Menstruation
Respekt 37, 40, 41
S
Safer Sex 45
Samenblase 23
Samenerguss s. Ejakulation
Samenleiter 23
Samenzelle s. Spermium
Scham 4, 12
Schamhaare 6, 10, 13, 17, 20, 25
Schamlippen 13
Scheide s. Vagina
Schlaf 31, 44

Schutzalter 40, 41, 45
Schwangerschaft 11, 15, 39, 45,
    s. a. Babys
Schweiß 17, 28–29
Schwellkörper 20
Scrotum 20, s. a. Hodensack
Selbstbefriedigung s. Masturbation
Selbstbestimmung 37
Sex 6, 22, 27, 35, 40–41, 45
sexuell übertragbare Krankheiten 41, 45
sexuelle Ausrichtung 34–35
sexuelle Identität 32–33
Smegma 29
Sperma 3, 6, 21, 23, 42
Spermazelle s. Spermium
Spermium 7, 11, 23, 42, 43
Stimmbruch 24
Stimmungsschwankungen 6, 19
Stimulation 41
T
Talg 30
Testikel 20, s. a. Hoden
Testosteron 9, 23, 24, 25, 27
U
Unterbrustweite 16
Uterus 11, s. a. Gebärmutter
V
Vagina 3, 6, 11, 13
Venushügel 13, 17
Verhütung 41, 45
Vertrauen 41
Vertrauensperson 17, 18, 45
Vorhaut 6, 20, 29
Vulva 6, 12, 13, 17, 29
W
Wachstum 10, 11, 14–15, 20, 24–25
waschen 28, 29, 31
Z
Zeugung 40, 42–43

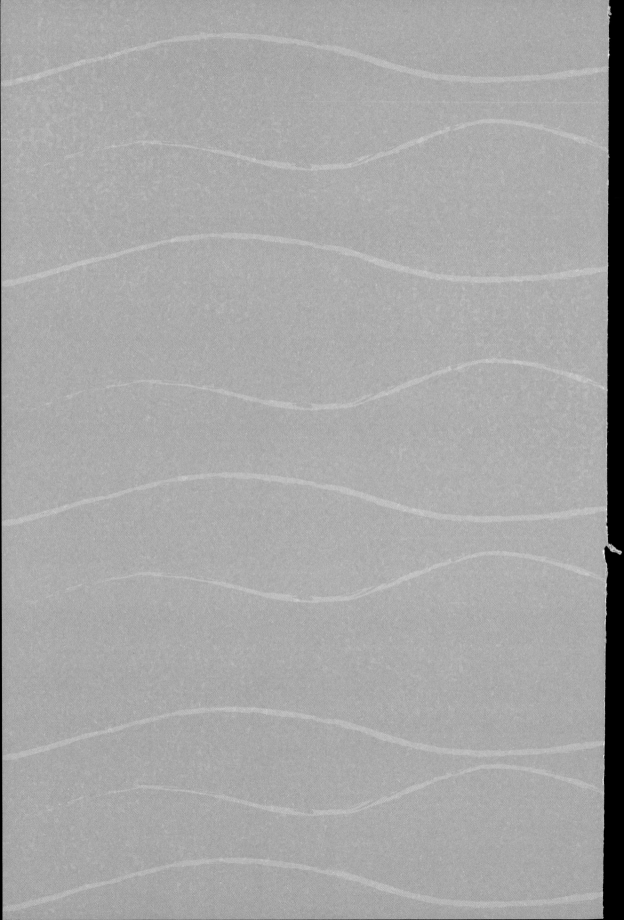